LA
LOI BÉRANGER

CONSIDÉRÉE

DANS SON ORIGINE,
SES AVANTAGES ET SON APPLICATION

PAR

HENRI FONTAINE

Docteur en droit,
Juge au Tribunal civil d'Argentan.

PARIS

A. DURAND ET PEDONE-LAURIEL, ÉDITEURS
Libraires de la Cour d'Appel et de l'Ordre des Avocats

G. PEDONE-LAURIEL, Successeur
13, RUE SOUFFLOT, 13

1891

LA LOI BÉRANGER

Pour quiconque est appelé, à raison même de ses fonctions, à considérer la nature humaine, à l'examiner, dans ce qu'elle a de supérieur, et dans ce qu'elle a de défectueux, il existe une vérité qui s'impose à celui qui examine : c'est que si l'homme, par suite des défectuosités qui résident en lui, est exposé à commettre des infractions, il faut, dans la plus large mesure, le mettre à même de réformer ce qu'il y a en lui d'imparfait, et modifier ses sentiments, avec la pensée, qu'en éduquant son cœur, comme on éduque sa raison, on fera de lui un véritable homme de bien.

Il est certain que tous les êtres, qui sont appelés à jouer un rôle, dans la vie humaine, à tous les degrés de l'échelle sociale, quel que soit celui auquel ils ont été fixés, ont des obligations communes. Ces obligations consistent, à se soumettre tous, à cette règle fixe, que l'on formule, par ce mot générique : la loi. La loi, en effet, c'est la raison d'être de la société, car une société, qui en serait dépourvue, ne serait rien autre chose, qu'une sorte de chaos, où chacun, vivant selon son gré et les fantaisies d'une nature plus ou moins mal préparée amènerait ce résultat de plonger la collectivité humaine dans une tourmente, où la force et la violence pourraient seules procurer le triomphe. Aussi, s'il est incontestable qu'il faut des lois pour assurer le bien-être des peuples, il est non moins certain que les lois qui règlementent les rapports des individus entre eux, doivent assurer à chacun le moyen de vivre librement, sans froisser les droits d'autrui, mais encore profiter à celui qu'elles atteignent, en lui faisant bien sentir que si la loi veut être respectée, elle veut aussi améliorer la nature des individus qui encourent ses sanctions. Ces considérations générales d'économie pénale, dont le souffle a animé toutes les dispositions législatives de notre droit pénal actuel, avaient, depuis nombre d'années, amené, tous ceux qui s'occupent de l'application de la loi, à penser qu'il y avait encore beaucoup à faire. En effet, quand on a pour mission de juger autrui, vivant de cette vie qui donne à penser à l'homme que s'il a le devoir de punir, il faut surtout qu'il modifie la nature qu'il châtie, on ne peut s'empêcher de constater que la loi a des rigueurs et des faiblesses également nuisibles. Assurément, la législation pénale, qui s'applique dans le prétoire des cours d'assises et des tribunaux correctionnels, n'est pas identique dans ses effets et dans son mode d'application. Ici, ce sont des hommes, devenus jurés pour un instant, qui, statuant sur la culpabilité, ont le pouvoir de déclarer qu'un homme, qui a commis un crime, n'est pas coupable de l'avoir commis. Mais là, c'est tout différent ; devant la juridiction correctionnelle, vous avez ce juge, appréciateur quotidien des délits, qui est enchaîné par un texte, qu'il doit appliquer, quand il est constant que le fait a été commis. Et, pour celui-ci, dans le système originaire du Code pénal, quand on a commis une faute, quelle qu'elle soit, fut-ce une faute excusable, explicable, fortuite peut-être, il faut punir, il faut tacher le passé du délinquant. Alors aussi, point d'absolution pour une première faute, la loi ne pardonne pas, il faut la connaître, et quiconque viendra à l'enfreindre sera frappé à son tour, sans merci, sans pardon ; peu importent les regrets, peu importent les serments, il est trop tard ; à chaque faute s'attache fatalement une peine ; force est au juge de l'appliquer, ou il viole ces textes sacrés, qui sont sa règle et la cause de son existence. Et cependant, pourquoi ne pas

vouloir se laisser toucher par les enseignements de la vie
pratique ? Pourquoi ne pas tenir compte de cette vérité
immuable, que le pardon réveille l'honnêteté du cœur et
inspire le regret ? Pourquoi frapper, pour une première
faute, sans songer qu'un avertissement enlèverait sans
doute cette tache qui a constitué une première infraction ?
Pourquoi ne pas faire sentir à l'agent coupable, que si la
loi a le devoir de se défendre, elle ne saurait se venger, et
que si elle doit se faire respecter, elle doit le faire avec
bienveillance et surtout avec la manifestation éclatante de
son désir de faire de cet agent qui l'a froissée, un être aussi
honnête, aussi moral, aussi observateur des lois, que ceux
que l'on appelle les honnêtes gens.

Mais cette magnanimité de la loi ne doit pas être poussée
à l'excès, et si l'on comprend, et s'il faut souhaiter que la
pénalité puisse être effacée pour l'auteur d'une première
infraction, il faut, quand la faute devient habituelle, châtier
d'une façon mesurée, mais cependant progressive, avec
cette progression, qui devra varier selon la nature des individus, être plus sensible pour les natures plus perverses,
plus faible pour celles qu'il est plus facile de corriger. Or,
il est certain que le système général du Code pénal, tout en
ayant constitué la récidive, était encore défectueux. La
récidive, c'était l'état de celui qui avait encouru une condamnation supérieure à une année d'emprisonnement. Pour
en arriver à cet état, il fallait commettre une infraction
grave, très grave même ; et cependant, en appliquant cette
échelle pénale, qui varie de six jours à une année d'emprisonnement, le juge réprime, le plus souvent, la plupart
des délits, quoiqu'ils se présentent à la charge du même
agent, avec une fréquence telle qu'on arrive à ce chiffre de
quinze à vingt condamnations, sans que aucune d'elles ait
atteint une année. Et alors, il n'est pas récidiviste ce va-
gabond qui, arrivé à l'âge mûr, a passé toute sa jeunesse
à vivre dans les prisons, condamné vingt fois pour ce dé-

lit d'habitude, l'oisiveté, cette oisiveté sordide, compagne habituelle de cet autre délit, la mendicité !

Ces conséquences si regrettables de notre organisation pénale ont été, depuis longtemps, l'objet des préoccupations de tous ceux qui s'occupent de la confection et de l'application des lois. On a cherché des remèdes, on a fait l'épreuve de lois diverses, dans lesquelles on espérait trouver le moyen de faire disparaître la fréquence des infractions.

Si l'on consulte les travaux des diverses Assemblées législatives qui se sont succédées depuis vingt ans, on constate, à des époques différentes, la manifestation identique d'une constante préoccupation, celle d'arrêter le mouvement toujours croissant de la récidive. Cette préoccupation se manifeste, en 1875, par la loi sur la réforme des prisons de courtes peines. Mais cette loi ne tarde pas à décevoir l'attente de ses promulgateurs. A une époque plus récente, en 1885, on organise la loi sur la relégation. Ne savons-nous pas quel résultat illusoire on devait retirer de l'apparition de cette loi, sur laquelle cependant on avait tant compté. Puis, le 14 août de la même année, on organise encore la loi de la libération conditionnelle. Toutes ces lois pêchent par ce même côté : de s'attacher à l'exécution de la peine, au lieu de la prévenir. Amoindrir la peine dans son exécution, si le condamné a témoigné un repentir suffisant, cela est très bien assurément, mais ce n'est pas cela qui fera disparaître la récidive. Il fallait une loi plus indulgente et plus sévère : plus indulgente pour celui qui, jusqu'ici n'a pas violé la loi pénale ; plus sévère pour celui qui, après avoir bénéficié une première fois d'une plus grande indulgence, n'a pas profité de cet avertissement, et est retombé, une seconde, une troisième, puis d'autres fois encore dans la violation de cette loi, dont les diverses sanctions ont été inefficaces pour le corriger. C'est cette loi dont M. le sénateur Béranger a pris l'initiative, au cours de l'année dernière, en présentant au Sénat, un projet sur l'atténuation et l'aggravation des peines. Assurément, les membres de nos Assemblées législatives, en attachant leur nom à la promulgation de cette loi, ont fait une œuvre qui leur donnera droit à la reconnaissance publique. Et ce sera un honneur pour une législature d'avoir témoigné, par l'élaboration d'un système pénal vraiment utile, de son désir d'assurer enfin le bon ordre d'une nation. N'est-ce pas en effet ce résultat qui se détache d'une législation qui, tout en mettant le juge à même de réprimer avec plus de fruit les infractions qu'il doit juger, procure à la société le moyen de s'affranchir de cette tendance vers ce que j'appellerai la petite récidive.

Si l'on consulte le système pénal des législations des autres pays, on constate que le droit d'arrêter le récidiviste est une préoccupation pour ainsi dire générale. En Belgique notamment, où la législation se perfectionne sans cesse, nous recevons le témoignage de cette préoccupation dans la présentation d'un projet qui, le 3 mai 1888, est devenu la loi des condamnations conditionnelles. La législation anglaise a, depuis longtemps, organisé un système qui, sans être identique à celui qui forme la base de la loi Béranger, s'en rapproche cependant par certains côtés. Sous l'empire de cette législation, quand un individu doit répondre d'une première infraction, il comparaît devant le juge. Celui-ci ne prononce pas de condamnation, mais il se réserve le droit de punir pendant cinq ans. C'est une menace, qui plane sans cesse sur la tête de l'agent qui a commis une première faute. La crainte du châtiment qui peut être infligé par le juge, en cas de nouvelle infraction, doit, il est vrai, produire une crainte salutaire sur celui qui y est exposé. S'il retombe dans une seconde faute, la menace deviendra un châtiment positif. Mais, comme le fait observer le Rapporteur du Sénat. « S'il faut, avant l'expiration de cinq ans, reve-« nir devant le tribunal, est-on certain que les preuves ne

« seront pas dispersées, et que ces témoignages et l'impres-
« sion du délit ne seront pas affaiblis, enfin que les mêmes
« juges se retrouveront sur leurs sièges ; — en un mot, le
« jugement après coup offrira-t-il des garanties suffisan-
« tes. »[1]

Il est certain que ce système du droit anglais ouvre le
champ à trop de critiques, pour être adopté par les autres
législations comme un remède réellement efficace contre la
petite récidive. Fallait-il, comme le proposaient MM. Michau
et Schœlcher, remplacer par un nombre égal de journées
de travail les jours de prison, lorsque la condamnation serait inférieure à deux mois, ou encore fallait-il substituer
aux journées de travail une amende représentant leur valeur ? C'eût été inefficace. Il fallait une loi plus générale, or-
ganisant un moyen préventif sérieux contre les récidivistes
quels qu'ils soient. Il fallait arrêter, sur la pente où il peut
glisser peut-être malgré lui, l'individu mal préparé à vivre
de cette vie sociale qui impose le respect des lois, il fallait
lui faire comprendre, en envisageant avec une extrême indulgence une première faute — qu'il tenait son sort entre
ses propres mains, qu'il dépendait de lui de se réhabiliter
dans la plus large acception du mot, en effaçant même le
souvenir de la faute qu'il a commise, parce qu'il aura su se
mettre à l'abri d'une nouvelle infraction. Mais aussi il fallait,
s'il recommence, le frapper avec d'autant plus de sévérité,
que l'indulgence aura été plus grande pour lui à l'origine ;
le frapper avec plus de rigueur encore, s'il recommence
après un second avertissement, afin de l'empêcher de reve-
nir ensuite devant la justice, et de devenir le récidiviste qui,
pour la dixième ou la vingtième fois, se présente devant la
juridiction correctionnelle. C'est ce système d'atténuation
et d'aggravation des peines que la loi Béranger semble avoir

---

[1] De Béranger. — Rapport au Sénat.

organisé d'une façon efficace et il semble qu'en examinant l'économie de cette loi, on puisse plus facilement en saisir les avantages et le mode d'application. Cet examen fera l'objet de quelques considérations que nous nous proposons de consacrer à la loi qui vient de paraître sur l'atténuation et l'aggravation des peines.

§ I

DE L'ATTÉNUATION DES PEINES.

« En cas de condamnation à l'emprisonnement ou à « l'amende, porte l'article 1er, si l'inculpé n'a pas subi de « condamnation antérieure à la prison, pour crime ou « délit de droit commun, les cours ou tribunaux peuvent « ordonner, par le même jugement, et par décision moti- « vée, qu'il sera sursis à l'exécution de la peine.

« Si pendant le délai de cinq ans, à dater du jugement « ou de l'arrêt, le condamné n'a encouru aucune poursuite « suivie de condamnation à l'emprisonnement ou à une « peine plus forte, pour crime ou délit de droit commun, « la condamnation sera comme non avenue.

« Dans le cas contraire, la première peine sera d'abord « exécutée, sans qu'elle puisse se confondre avec la se- « conde. »

Il résulte de ces premières dispositions, que le droit de suspendre une première peine est une faculté laissée à la libre appréciation des magistrats qui l'auront prononcée ; or, il est bien certain que, pour se pénétrer de l'esprit véri- table du législateur, le juge doit, avant tout, rechercher le degré de moralité et d'amendement dont est susceptible l'agent poursuivi. Il faudra donc que le magistrat soit très exactement renseigné sur le passé de celui qu'il juge, sur ses penchants, son caractère et sa nature, car les tribunaux feraient du droit de suspension le plus mauvais usage, s'ils n'avaient pas, au moment où ils la prononcent, la conviction la plus sérieuse que celui qu'ils viennent de frapper ne reparaîtra plus devant eux.

Ce sont ces considérations que, dans la séance du 3 mai 1891, M. Barthou, rapporteur de la loi Béranger à la Chambre des Députés, développait, devant ses collègues, en s'exprimant en ces termes :

« Il résulte, Messieurs, de l'article 1er, que les tribunaux « correctionnels, lorsqu'ils se trouveront en présence d'un « condamné qui comparaîtra pour la première fois devant « eux, dont le passé irréprochable, la situation morale, « l'attitude humiliée par un repentir sincère, permettront « d'espérer le retour au bien, pourront décider qu'il sera « sursis à l'exécution de la peine, pendant un temps « d'épreuve de cinq années. L'espoir, en cas de bonne « conduite, d'une réhabilitation obtenue sans formalités et « sans débats ; la certitude, en cas de rechute, de l'exécu- « tion inévitable de la peine, ne sont-ce pas là des moyens « suffisants pour arrêter sur le chemin de la récidive des « hommes poursuivis pour un premier délit, et auxquels les « juges auront voulu épargner, par une indulgence pré- « voyante, le contact de la prison et de la flétrissure « déshonorante. »[1]

L'élévation de ces sentiments rencontrera un écho unanime parmi les magistrats chargés d'appliquer la loi. Mais aussi, il faut souhaiter que ces derniers soient renseignés plus sûrement, peut-être, que par le passé, sur la valeur morale des individus poursuivis. Personne ne saurait méconnaître l'honnêteté avec laquelle les auxiliaires de la justice s'acquittent de leurs devoirs. Il est incontestable que

---

[1] Barthou. — Rapport à la Chambre des Députés.

les agents qui ont pour mission de constater, dans des procès-verbaux, les circonstances dans lesquelles les délits ont été commis, le font toujours avec le meilleur esprit. Mais, ne savons-nous pas, par une expérience quotidienne, combien ils sont induits en erreur? Les renseignements qu'ils fournissent, où les puisent-ils? Près de ce qu'ils appellent les autorités locales. Malheureusement, le maire et l'adjoint, dans la commune, ne disent pas toute leur pensée ; ils emploient des palliatifs, et lorsqu'arrive le jour de l'audience, le juge est insuffisamment éclairé sur les antécédents de celui qu'il est appelé à juger. Aussi, il est à souhaiter que les auxiliaires des parquets voient, à l'avenir, leur attention appelée d'une façon spéciale sur l'importance et l'exactitude que doivent avoir les renseignements qu'ils fourniront sur les individus poursuivis.

Le texte de l'article 1er indique que la suspension peut être appliquée aussi bien à une peine d'amende qu'à une peine corporelle. Le Sénat en avait tout d'abord décidé autrement. Mais, lors de la discussion de la loi devant la Chambre, le Rapporteur, parlant au nom de la Commission, a fait ressortir combien il serait inconséquent, et même injuste, de limiter le droit de suspension aux peines d'emprisonnement. Et pour rendre saisissant le résultat qui se produirait, M. Barthou prend un exemple dans une poursuite correctionnelle.

« En effet, dit-il, trois personnes sont poursuivies devant
« le tribunal correctionnel, pour le même délit ; l'une d'elles
« est condamnée à trois ans de prison, la seconde à trois
« mois, la troisième à trois mille francs d'amende. Est-il
« admissible que le juge correctionnel puisse décider, en
« ce qui concerne les deux premières personnes frappées
« de la peine la plus sévère, celle de l'emprisonnement,
« que la condamnation ne sera pas exécutée, tandis qu'elle
« le sera fatalement, inévitablement, pour la troisième
« condamnée à l'amende, et envers laquelle le juge a en-

« tendu user d'un traitement plus bienveillant ? Cela ne
« nous a pas paru possible. »[1]

On a objecté, devant le Sénat, que l'amende une fois prononcée appartient au trésor, qui seul peut en faire remise.

Mais, n'est-il pas aussi exact de dire que la peine de
l'emprisonnement, une fois prononcée, appartient au pouvoir exécutif qui, seul, peut faire grâce. Il n'y a aucune
raison, ni de fait, ni de droit, pour ne pas appliquer à
l'amende une condition qu'on applique à la prison.

Il est bien évident qu'il eût été très regrettable que les
peines corporelles eussent pu seules être suspendues. Bien
des fois, il arrive au juge, même pour un délit d'une nature grave, le vol par exemple, de ne prononcer qu'une
simple amende. Force alors eût été au juge, pour éviter ce
que la loi eût eu de défectueux, de donner au délinquant
une peine plus sévère que celle qu'il méritait, afin de pouvoir la suspendre. Etrange système ! Du moment où on
voulait organiser un système pénal vraiment efficace, il
fallait aller plus loin. Il fallait laisser le juge libre de proportionner la répression au fait commis, il fallait lui laisser
le droit de suspendre même une peine d'amende, et cela
d'autant mieux que l'on devait penser qu'il serait d'autant
plus enclin à prononcer la suspension, qu'il aura eu à apprécier un délit présentant moins de gravité.

Le texte de l'article 2 décide que la suspension ne s'appliquera pas aux frais du procès et aux dommages-intérêts.
Elle ne s'applique pas davantage aux incapacités qui sont
le résultat de la condamnation encourue, telles que la perte
des droits civiques, civils et de famille. Toutefois, ces incapacités viendront à disparaître au moment où la suspension
deviendra effacée, c'est-à-dire à l'expiration du délai de
cinq ans, si le condamné n'a pas été l'objet d'une nouvelle
condamnation.

---

[1] Barthou. — Rapport à la Chambre des Députés.

La Commission de la Chambre des Députés, modifiant en cela le texte de l'article 2 voté par le Sénat, avait décidé que la suspension de la peine principale entraînait celle des peines accessoires et des incapacités résultant de la condamnation. Mais, au cours de ces travaux, M. le Garde des sceaux Fallières demanda à être entendu par la Commission pour lui faire savoir ce qu'une pareille disposition législative aurait de regrettable. M. le Ministre de la Justice, en effet, avec l'autorité qui s'attache à sa haute situation, a fait ressortir, combien seraient surprenantes les conséquences du texte de l'article 2 primitivement adopté par la Commission de la Chambre des Députés. On aurait vu alors ce résultat singulier d'un condamné à l'emprisonnement, continuant à jouir de ses droits civils et politiques, pouvant faire partie d'un conseil de famille, être tuteur, et chose plus surprenante encore, pouvant siéger en qualité de juré, devant une cour d'assises.

Exposer de pareilles conséquences était de nature à faire abandonner un pareil système, aussi la Chambre des Députés, se rangeant à l'avis du Sénat, a adopté le texte définitif de l'article 2, qui figure aujourd'hui dans la loi Béranger.

Le Parlement a pensé, en effet, que la suspension principale était une raison suffisante pour permettre au condamné de se réhabiliter ; il a pensé qu'en lui évitant la flétrissure de la peine corporelle, il le mettrait très suffisamment à même de poursuivre, d'une façon complète, sa réhabilitation morale.

S'il est certain que la suspension de la peine doit être de nature à réhabiliter celui qu'elle gratifie, il fallait que celui-ci pût se rendre un compte exact de la mesure de bienveillance dont il est l'objet. Aussi, c'est avec une très grande sagesse que l'on a fait au magistrat, qui préside l'audience, l'obligation d'avertir le condamné qu'en cas de nouvelle condamnation la première peine sera exécutée

sans confusion avec la seconde et que les peines de la récidive seront encourues dans les termes des articles 57 et
58 du Code pénal modifiés par la loi dont il s'agit.

En effet, le système de la loi Béranger consistant dans
l'atténuation d'une première peine et dans l'aggravation en
cas de nouvelle infraction, il importe que le condamné soit
bien averti de ce à quoi il s'expose en commettant une
nouvelle faute. Plus d'indulgence pour une première peine,
qui a été suspendue, amènera fatalement une plus grande
sévérité, en cas de nouvelle infraction. C'est le développe-
ment de cette pensée que le Président du Tribunal doit
exprimer au condamné, aussitôt la suspension prononcée.
Il doit le faire, avec toutes les ressources de son expérience,
d'une façon bienveillante. Il doit surtout, à ce moment,
songer que s'il a devant lui un condamné, il a devant lui un
homme dont la loi veut tenter le salut. Il doit faire appel à
tout ce que la nature de cet individu peut encore avoir
d'honnête. Il doit aussi, en lui indiquant la gravité des peines auxquelles il s'expose, en cas de rechute, lui inspirer
une crainte salutaire et le préserver à l'avenir d'une nouvelle infraction.

On s'est demandé, au lendemain de la promulgation de la
loi Béranger, si cette loi laissait subsister l'application des
circonstances atténuantes. De bons esprits inclinaient à penser le contraire, et ils faisaient reposer leur opinion sur le
silence des textes et sur cette autre considération, que la loi
avait voulu organiser un système d'aggravation pénale.
Mais à cela on pouvait répondre que l'article 463, étant une
disposition générale de droit pénal, ne devait disparaître
que devant un texte précis d'une loi qui en aurait prohibé
l'application.

Si l'on se reporte aux travaux préparatoires tant au Sénat
qu'à la Chambre, on ne saurait avoir à ce sujet aucune
espèce de doute.

En effet, le Sénat, préoccupé de cette idée qu'avec le

droit d'accorder des circonstances atténuantes, les tribunaux seraient libres de soustraire, aux peines de la récidive, les individus poursuivis, avait songé à introduire dans l'article 463 des aggravations pénales.

Ces modifications avaient pour but, en cas de récidive, d'imposer au juge un minimum inévitable dans l'aggravation de la peine.

La première aggravation, introduite par le Sénat, devait consister à élever au double, en cas de récidive, la peine de la prison, prononcée par les cours d'assises.

La seconde aggravation visait l'application des circonstances atténuantes devant les tribunaux correctionnels.

Dans le système du Sénat, en cas de récidive, de crime ou délit, la peine n'aurait pu être inférieure à quatre mois d'emprisonnement. En cas de récidive, de délit à délit, dans les termes de l'article 58 du Code pénal, si la peine prononcée était de trois mois ou inférieure, la nouvelle condamnation ne pourrait être inférieure à celle déjà prononcée, et si cette peine était supérieure à trois mois, la nouvelle peine ne pourrait pas être inférieure à trois mois d'emprisonnement.

Le Sénat proposait encore de décider que, dans les cas prévus par les hypothèses précédentes, le minimum de la peine devait s'augmenter d'un mois, à chaque nouvelle récidive, sans toutefois pouvoir dépasser ce minimum de la peine simple encourue.

Ce système, il faut bien le reconnaître, n'aurait eu d'autre résultat que de faire du juge une sorte de machine, lié, plus que jamais, par un texte précis, qui lui aurait dicté la peine à infliger sans tenir compte des circonstances. Et cependant ne savons-nous pas combien les circonstances sont variables avec chaqne individu, et quelle influence elles doivent avoir dans la détermination de celui qui condamne? Aussi, ne faut-il pas s'étonner que de pareilles conséquences aient paru inadmissibles à la Commission de la Chambre des députés qui, très énergiquement, a demandé le maintien pur et simple de l'ancien article 463.

La Chambre n'a pas hésité à se ranger de cet avis, et nous ne saurions trop l'en féliciter.

Nous examinerons, dans un instant, les conséquences de la nouvelle rédaction des articles 57 et 58 du Code pénal ; mais dès maintenant, nous n'hésitons pas à affirmer que si le juge eût perdu la faculté d'appliquer les circonstances atténuantes, en matière de récidive, on l'eût contraint à appliquer des rigueurs pénales excessives. Peut-être eût-il protesté ! car, si le juge doit observer la loi, près de ce devoir en existe un autre aussi élevé, celui d'obéir, quand il se détermine au plus haut sentiment de justice, et si vraiment, ce qui ne peut être, l'équité protestait contre l'application d'une loi, n'est-ce pas à ce dernier sentiment qu'il devrait obéir ?

Il est bien certain que les tribunaux correctionnels, quand ils se trouvent en présence d'une première infraction qui n'a pas entraîné une condamnation supérieure à une année d'emprisonnement, élevaient rarement la seconde peine eu égard à l'état de récidive, mais cela tenait surtout à l'insuffisance de la loi qui, dans ce cas, ne prescrivait pas d'aggravation. La Commission de la Chambre des députés l'a très bien compris, aussi a-t-elle organisé, en modifiant les articles 57 et 58 du Code pénal, un état nouveau de la récidive. Mais il fallait, à côté de cela, laisser subsister l'article 463, relatif aux circonstances atténuantes.

Il fallait prendre garde que le remède n'outrepassât la mesure, il fallait craindre qu'il ne se produisît des excès, qui auraient fait d'une loi excellente, dans son principe, une loi détestable dans son application.

« D'un mot, je résume ma pensée, dit le rapporteur ;
« l'article 463, qui a subi une longue épreuve et qui a ré-
« sisté à une longue expérience, concilie dans une large
« mesure, la nécessité de la répression et le respect de la

« souveraineté du juge. Il n'est pas nécessaire, il serait té-
« méraire d'y porter la main. [1]

Et plus loin, il ajoute :

« Comment, vous reconnaissez aux tribunaux correction-
« nels ce pouvoir si grave de dispenser de l'exécution de
« la peine celui qu'ils viennent de condamner, de rendre
« à la liberté, de réintégrer dans la société, un homme
« condamné à l'emprisonnement ; c'est assurément le plus
« bel éloge que vous puissiez faire du tact éclairé, de l'im-
« partialité réfléchie, de l'indépendance du juge. Et au
« même instant, dans la même loi, vous vous défiez de ce
« même juge, de sa faiblesse, de son indulgence, je dirai
« presque de sa bienveillante partialité envers le récidi-
« viste. Cela, vous ne voudrez pas l'admettre. »

Après avoir entendu les conclusions de ce rapport, la
Chambre n'a pas hésité à maintenir le texte primitif de l'article 463 qui, il faut le tenir pour certain, est applicable
dans tous les cas prévus par la loi Béranger.

§ II

DE L'AGGRAVATION DES PEINES.

Sous l'empire du Code pénal, tel qu'il était anciennement
organisé, le texte des articles 57 et 58 n'organisait l'aggravation des peines que dans le cas où l'agent poursuivi
avait déjà encouru une peine supérieure à une année
d'emprisonnement. Il fallait, de toute nécessité, modifier
ces textes de loi pour arriver à un résultat efficace d'aggravation pénale.

---

[1] Barthou. — Rapport à la Chambre des députés.

En effet, si c'est un fait d'expérience (et cela résulte du simple examen des statistiques criminelles) que la moyenne des délits diminue sensiblement, en ce qui concerne les délinquants primaires, il est non moins certain que la criminalité des récidivistes augmente, dans de très grandes proportions. Cette situation a donné à penser que si la première infraction, à raison des circonstances, de l'âge, peut n'être qu'une faute, méritant quelqu'indulgence, il fallait montrer pour les individus habitués à commettre des délits une réelle sévérité. On voyait ce fait étrange se produire : un même individu, condamné, huit ou dix fois, dans une même année, par le même tribunal, sans qu'aucune des condamnations ne l'arrêtât dans la criminalité. C'est cet état de choses qu'il fallait modifier.

Aussi on a modifié, de la manière suivante, les articles 57 et 58 du Code pénal : « Quiconque, porte l'article 57, « ayant été condamné pour un crime à une peine supé- « rieure à une année d'emprisonnement, aura, dans un « délai de cinq années après l'expiration de cette peine, « ou sa prescription, commis un délit, ou un crime qui « devra être puni de la peine de l'emprisonnement, sera « condamné au maximum de la peine portée par la loi, et « cette peine pourra être élevée jusqu'au double.

« Défense sera faite, en outre, au condamné de paraître « pendant cinq ans, au moins, et dix ans au plus, dans les « lieux dont l'interdiction lui aura été signifiée par le gou- « vernement avant sa libération. »

Ce texte est la reproduction presque exacte de l'ancien article 57 du Code pénal, mais il en diffère en ce sens que la récidive ne sera encourue qu'autant que la seconde infraction aura été commise dans le délai de cinq ans. On a très justement pensé que l'aggravation pénale, que la loi devait attacher à la récidive, devait avoir pour fondement une présomption, que la perversité de l'agent a grandi, sans avoir tenu compte d'un premier avertissement; mais

on a pensé également que, pour que cette présomption
fût réellement fondée, il fallait qu'il se fût écoulé un temps
suffisant entre la suspension et la seconde infraction.

Mais, en ce qui concerne l'article 58, il existe des modifications véritables et c'est lui qui organise l'aggravation pénale qui s'attachera désormais à la petite récidive.

Cet article est ainsi conçu :

« Il en sera de même pour les condamnés à un empri-
« sonnement de plus d'une année, qui, dans le même délai,
« seraient reconnus coupables d'un délit ou d'un crime
« devant être puni de peines corporelles.

« Ceux qui, ayant été antérieurement condamnés à une
« peine d'emprisonnement de moindre durée, commet-
« traient le même délit, dans les mêmes conditions de
« temps, seront condamnés à une peine d'emprisonnement,
« qui ne pourra être inférieure au double de celle précé-
« demment prononcée, sans toutefois que cette peine dé-
« passe le double du maximum de la peine encourue.

« Les délits de vol, escroquerie, abus de confiance seront
« considérés, au point de vue de la récidive, comme étant
« un même délit.

« Il en sera de même des délits de vagabondage et de
« mendicité. »

En ce qui concerne cet article, le législateur a été frappé
de cette anomalie qui ne rendait récidiviste, de délit à délit, que l'individu condamné à une première peine supérieure à une année d'emprisonnement. Aussi, il a pensé
qu'il importait de faire résulter la récidive de la reproduction d'une infraction indépendamment de la peine que le
premier délit avait fait encourir.

On a considéré que la récidive pouvait se présenter sous
deux aspects différents ; qu'elle pouvait être : ou bien cette
récidive générale constituée par la comparution en justice,
une seconde fois, quelle que soit la nature de l'infraction commise, fût-elle absolument distincte du premier délit, ayant

entraîné la première condamnation ; ou bien la récidive spéciale qui faisait que, condamné une première fois pour un fait, l'agent poursuivi était amené, une seconde fois, devant la juridiction correctionnelle, pour un fait identique.

Se plaçant à ce double point de vue, les membres de nos Assemblées législatives ont pensé que si, entre les crimes et les délits, il existe une sorte de lien générateur qui fait que les uns et les autres semblent être les manifestations successives d'un même degré de perversité chez l'agent poursuivi, au contraire, s'il s'agit de délits d'une nature moins grave, il n'était pas possible de retenir entre eux aucun lien de solidarité. On a donc été amené à décider que, s'il s'agit d'un premier délit ayant entraîné une peine supérieure à une année d'emprisonnement, la récidive existerait quelle que soit la nature de l'infraction commise, n'eût-elle aucun lien de ressemblance avec la première infraction. Que si, au contraire, l'agent poursuivi pour un premier délit, n'a encouru qu'une peine inférieure à une année d'emprisonnement, la récidive n'existera qu'autant que ce même délit sera commis une seconde fois.

Et comme un certain nombre de délits ont des points de ressemblance, on les a assimilés au point de vue de la récidive. C'est ainsi que l'on a fait du vol, de l'escroquerie et de l'abus de confiance, et que l'on a assimilé, dans une autre catégorie, les vagabonds et les mendiants.

Il nous reste à examiner, d'un mot, les dispositions de l'article 5 de la loi, relatives aux mentions du casier judiciaire. C'est la mise en harmonie des règles qui gouvernent la tenue du casier judiciaire avec le droit de suspension.

Aux termes de l'article 5, lorsqu'une peine a été suspendue, elle doit être inscrite au casier, avec mention expresse de la suspension accordée.

Si aucune poursuite n'a lieu, dans le délai de cinq années,

la condamnation prononcée cesse d'être inscrite dans les extraits délivrés aux parties.

Telle est, dans ses grandes lignes, l'économie de la loi Béranger.

Le législateur, en l'édictant, a fait une œuvre aussi utile que philanthropique. Son rôle s'arrête ici. C'est maintenant à celui auquel on a confié la haute mission d'interpréter la loi qu'il appartient de la faire fructifier. Aussi, nous sera-t-il permis de proclamer que celui-là saura unir, dans un même sentiment, l'affection de son pays et le culte de son devoir, qui s'efforcera d'employer l'ascendant qu'il exerce sur ceux qu'il juge à faire produire à une loi tous les bons effets qu'on en peut attendre.